中国音乐家的故事

修海林 等 著

中国少年儿童新闻出版总社
中国少年儿童出版社
北京

图书在版编目（CIP）数据

中国音乐家的故事 / 修海林等著 . -- 北京：中国少年儿童出版社，2024.1

（百角文库）

ISBN 978-7-5148-8402-9

Ⅰ . ①中⋯ Ⅱ . ①修⋯ Ⅲ . ①音乐家 – 生平事迹 – 中国 – 现代 – 青少年读物 Ⅳ . ① K825.76-49

中国国家版本馆 CIP 数据核字（2023）第 244998 号

ZHONGGUO YINYUEJIA DE GUSHI
（百角文库）

出版发行：中国少年儿童新闻出版总社
　　　　　中国少年儿童出版社

执行出版人：马兴民

丛书策划：	马兴民　缪 惟	美术编辑：	徐经纬
丛书统筹：	何强伟　李 橦	装帧设计：	徐经纬
责任编辑：	张翼翀	标识设计：	曹 凝
责任校对：	夏明媛	封面插图：	宣 懿
责任印务：	厉 静		

社　　址：	北京市朝阳区建国门外大街丙 12 号	邮政编码：	100022
编 辑 部：	010-57526321	总 编 室：	010-57526070
发 行 部：	010-57526568	官方网址：	www.ccppg.cn

印刷：河北宝昌佳彩印刷有限公司

开本：787mm × 1130mm　1/32		印张：3.5
版次：2024 年 1 月第 1 版		印次：2024 年 1 月第 1 次印刷
字数：40 千字		印数：1—5000 册
ISBN 978-7-5148-8402-9		定价：12.00 元

图书出版质量投诉电话：010-57526069　　电子邮箱：cbzlts@ccppg.com.cn

序

提供高品质的读物,服务中国少年儿童健康成长,始终是中国少年儿童出版社牢牢坚守的初心使命。当前,少年儿童的阅读环境和条件发生了重大变化。新中国成立以来,很长一个时期所存在的少年儿童"没书看""有钱买不到书"的矛盾已经彻底解决,作为出版的重要细分领域,少儿出版的种类、数量、质量得到了极大提升,每年以万计数的出版物令人目不暇接。中少人一直在思考,如何帮助少年儿童解决有限课外阅读时间里的选择烦恼?能否打造出一套对少年儿童健康成长具有基础性价值的书系?基于此,"百角文库"应运而生。

多角度,是"百角文库"的基本定位。习近平总书记在北京育英学校考察时指出,教育的根本任务是立德树人,培养德智体美劳全面发展的社会主义建设者和接班人,并强调,学生的理想信念、道德品质、知识智力、身体和心理素质等各方面的培养缺一不可。这套丛书从100种起步,涵盖文学、科普、历史、人文等内容,涉及少年儿童健康成长的全部关键领域。面向未来,这个书系还是开放的,将根据读者需求不断丰富完善内容结构。在文本的选择上,我们充分挖掘社内"沉睡的""高品质的""经过读者检验的"出版资源,保证权威性、准确性,力争高水平的出版呈现。

通识读本,是"百角文库"的主打方向。相对前沿领域,一些应知应会知识,以及建立在这个基础上的基本素养,在少年儿童成长的过程中仍然具有不可或缺的价值。这套丛书根据少年儿童的阅读习惯、认知特点、接受方式等,通俗化地讲述相关知识,不以培养"小专家""小行家"为出版追求,而是把激发少年儿童的兴趣、养成正确的思考方法作为重要目标。《畅游数学花园》《有趣的动物语言》《好大的地球》《看得懂的宇宙》……从这些图书的名字中,我们可以直接感受到这套丛书的表达主旨。我想,无论是做人、做事、做学问,这套书都会为少年儿童的成长打下坚实的底色。

中少人还有一个梦——让中国大地上每个少年儿童都能读得上、读得起优质的图书。所以,在当前激烈的市场环境下,我们依然坚持低价位。

衷心祝愿"百角文库"得到少年儿童的喜爱,成为案头必备书,也热切期盼将来会有越来越多的人说"我是读着'百角文库'长大的"。

是为序。

马兴民
2023 年 12 月

目 录

1　李叔同

15　刘天华

31　张寒晖

42　冼星海

59　张　曙

72　聂　耳

91　麦　新

李叔同
(1880—1942)

长亭外,古道边,

芳草碧连天。

晚风拂柳笛声残,夕阳山外山。

天之涯,地之角,

知交半零落。

一壶浊酒尽余欢,

今宵别梦寒。

这首名叫《送别》的歌,是我国近代音乐家李叔同在1915年作词编配而成。这首歌曾被当时许多学校的少年儿童歌唱，所以，当电影《城南旧事》用这首歌做主题曲在银幕中出现时，不少上了年纪的人，仍然能按着拍子吟唱，重新体验到许多年前的童年情景！

李叔同是我国近代史上著名的艺术家与教育家。作为中国新文化运动的早期启蒙者，他一生从事各种艺术活动，在音乐、戏剧、绘画、书法、金石、诗词等领域都有建树，还培养了一大批艺术人才。

李叔同小的时候，知识面就很宽。他自幼喜欢读《左传》《史记》，还向老师学习古典诗词、书法及篆刻艺术。21岁时，李叔同的篆刻作品及诗作就结集成了《李庐印谱》与《李庐诗钟》。

青年时期，李叔同血气方刚，风华正茂。当时的中国由于封建统治的腐败，受帝国主义列强侵略，国家贫穷落后。当康有为、梁启超提出维新变法时，许多爱国青年纷纷支持，李叔同就是其中之一。1898年，戊戌变法失败后，李叔同曾篆刻了一块印石，上面写着"南海康君（指康有为）是吾师"，以此来寄托自己的情怀。

后来，李叔同到了上海，在南洋公学读书，他和黄炎培、邵力子等都是教育家蔡元培先生的学生。读书期间，李叔同仍然从事各种艺术活动。他和友人一起筹设了文化社团"上海书画公会"，上海的名画家任伯年、朱梦庐和书法家高邕等都参加了这个文化社团。青年的李叔同文采超群，在"沪学会"的征文比赛中曾三次获得首奖，深受人们的赞许。

李叔同这一时期重要的社会音乐活动是编配、出版了《国学唱歌集初编》第一册，歌集中载有学堂乐歌10首，编收的《祖国歌》曾经在当时的"乐歌运动"中广泛流行，并被许多学校用作音乐教材。《祖国歌》中唱道，"上下数千年，一脉连，文明莫与肩；纵横数万里，膏腴地，独享天然美。国是世界最古国，民是五州大国民"，充分展现要求振奋中华民族、发扬国威的爱国热情。李叔同非常珍爱这首歌，在由黄炎培先生保存的李叔同亲笔抄写的《祖国歌》手迹上，李叔同在歌谱上方画了一群鸣啼的燕子，下方是敞开窗子的茅屋与萌发新芽的树枝，暗喻着古老的土地上应长出新芽，唱出新歌，焕发出新的生命力。

1905年，李叔同东渡日本，在东京上野美术专门学校留学，成为近代中国第一位出国学习音乐、绘画的进步知识分子。李叔同在东京学习期间，受民主思想的影响，参加了孙中山先生组织的"同盟会"。这时,他的变革要求主要体现在新文化、新思想的传播和各类艺术活动中。

李叔同是我国最早学习西洋音乐的人,他除了学习作曲理论之外,还主攻钢琴。据说,他因为手指拉距太短,还特地进医院动了手术,把指膜割开以适应钢琴演奏技法的需要。

留学期间,李叔同不仅研习音乐、绘画,还从事戏剧艺术活动。他得到日本戏剧家藤津二郎的指导,与曾孝谷等人创立了"春柳社",研究西洋戏剧并公演新剧。他们当时所演的剧本,都是一些西方文学名著,如《茶花女》《黑奴吁天录》等。李叔同在《茶花女》中男扮女装,出演女主角获得成功,得到中外人士的赞赏。当时,我国戏剧界前辈欧阳予倩也在日本留学,他就是看了这次演出深受感动,从而加入"春柳社"的。"春柳社"的艺术活动是中国话剧的开端,它的活动在国内也激起极大反响,燃起了中国新剧界的第一把烽火。而后,上海等地相继成立话剧团,在新文化运动中展示出它们旺盛的生命力。话剧这一崭新的艺术形式扎根于中国,与李叔同这位先行者的艺术活动密不可分。

1906年,李叔同在日本编辑、出版了我国最早的一本音乐期刊《音乐小杂志》,并向国内发行。他渴望用音乐唤起民心,促进社会的改革与进步。《音乐小杂志》中刊登了李叔同创作的3首歌曲,这些歌与过去用旧有曲调填配新词的学堂乐歌不同,是李叔同以五线谱记写、自己创作词曲而成的。这3首歌曲是《我的国》《春郊赛跑》和《隋堤柳》。《我的国》是一首对学生进行爱国教育的乐歌,歌曲以深沉稳健的旋律唱颂祖国的大好河山，并在其中寄托希望祖国强盛壮大的爱国热情；《春郊赛跑》是一首富有朝气、反映学生生活的乐歌；《隋堤柳》是三首乐歌中最富激情和艺术性的一首，情怀感触较深，蕴积着真挚的对祖国处境的忧虑之情，是我国近代早期音乐创作中较完美的一首作品。

1910年3月，李叔同重归故土，先在天津工业专门学校和直隶高等工业学堂任教，后来又去上海，任城东女学音乐图画教师，开始了他的教学生涯。这时，李叔同依然怀着爱国热情与报效祖国的意愿，积极投身社会进步活动。富有变革思想和青春活力的李叔同，加入了当时的文学革命团体"南社"。李叔同在"南社"写了不少诗词，宣传新思想，努力唤醒人民的爱国精神。他在1912年填写的《满江红》一词中写道:"魂魄化为精卫鸟,血花溅作红心草。看从今,一担好山河,英雄造。"这些词句感情充沛,读起来慷慨激昂,具有乐观、热情的基调。这一时期,李叔同还担任《太平洋报》的文艺栏总编与《文美杂志》的主编。他所刊行的诗歌小说、金石篆刻都曾轰动一时,使他成为近代中国新文化运动中的先驱人物。

1912年,李叔同在杭州的浙江省立第一师范学校担任图画、音乐教师,同时也兼顾南京高等师范图画、音乐课的教学工作。此后的7年时间里,李叔同致力于艺术教育,为近代新文化的传播培养了一批颇有成就的人才,如丰子恺、潘天寿、刘质平、曹聚仁等。丰子恺对老师李叔同的教育活动给予很高的评价,他说:"与当时一般学校相反,在杭州师范,音乐、图画两课,奇怪得很,当时看得比英

(文)、国(文)、算(术)还要重要。""李先生的人格和学问统治了我们的感情,折服了我们的心……他博学多能,其国文比国文先生更高,其英文比英文先生更高,其历史比历史先生更高,其常识比博物先生更高,又是书法、金石专家,中国话剧的鼻祖。他不只专教音乐图画,他是拿许多别的学问为背景而教音乐图画的。"丰子恺正是在李叔同的艺术熏陶下,开始了他的艺术生涯。文学家曹聚仁也曾在回忆时说:"民国初年,他(李叔同)做我们的美术教师,不独他的艺术天才在我们眼前闪光,他的语、默、动、止都感化了我们。"

李叔同在杭州执教期间,教学认真,非常关心和爱护学生。对于贫苦学生而有志于深造的,他除了留意培养外,还不惜财力给予接济。他的学生刘质平在日本留学期间,由于经济困难，无力继续求学，李叔同得知后，仅留下基本生活费用，剩余薪水都慷慨地拿来资助刘质平。刘质平后来对人谈及此事感叹道："先师与余，名虽师生，情深父子。"李叔同助人成材、为人师表的高尚品德，备受人们的尊敬。

1912年到1918年的教学期间，李叔同的歌曲作品最多，其中大多数是自作歌词，选用世界名曲来填配。此外，他也有一些自己作词、作曲的作品。1927年，丰子恺、裘梦痕合编的《中文名歌五十曲》中，收集了李叔同的作品20余首，如《朝阳》《忆儿时》《月》《送别》《晚钟》等。这些歌曲不但被第一师范的学生歌唱，也被许多学校的音乐教材选用，传唱至今。

李叔同的歌曲创作之所以能超出同代人而有显著的成就，是因为他既拥有古典文化知识的基础，又具有较高的音乐修养，能从词的意境出发，选择合适的曲调来配置，使词语的四声音调与曲调、节奏密切配合，达到词、曲、感情的统一。当时国内学校的歌唱活动中，合唱曲很少，而李叔同写了不少二部和三部的合唱歌曲，如《留别》（二部合唱）、《春游》（三部合唱），都是采用西方作曲技法写成的最早的合唱歌曲。这些歌曲曲调优美，学生们很爱唱，对国内音乐创作的发展产生了重要影响。

1918年，李叔同在涉猎文学、音乐、戏剧、金石、书法、美术等各个领域，为近代艺术教育作出很大贡献后，竟到杭州虎跑定慧寺出家为僧，法名演音，号弘一。李叔同出家后，虽然时常过着"行云流水一孤僧"的生活，但他并未完全脱离与艺术教育的联系。

1931年，刘质平曾到镇海伏龙寺去看望李叔同，谈到当时靡靡之音流行，学校缺乏音乐教材时，李叔同答应为此写几首歌词。而后，李叔同写了《清凉》《山色》《花香》《世梦》《观心》，出版时取名为《清凉集》。1936年，厦门市举行第一届运动会，大会邀请李叔同谱写会歌，李叔同作词谱曲，歌词写道：

禾山苍苍，鹭水荡荡，国旗遍飘扬。

健儿身手，各显所长，大家图自强。

你看那，外来敌，多少披猖！

请大家想想，请大家想想，切莫再彷徨！

在国难当头的岁月，这是一首振奋爱国热情的歌。可见李叔同尽管遁入空门、削发为僧，但他从未忘记祖国和民族的安危存亡，他那爱国忧民之心与鼓舞民众奋发图强的急切心愿，表明他仍将"为民族争光"放在心上。

1940年，李叔同60岁时，著名画家徐悲鸿、

陈抱一为他作油画像祝寿。著名诗人柳亚子先生也作诗祝寿,写道:

君礼拜迦佛,我拜马克思,

大雄大无畏,救世心无歧。

关闭谢尘网,吾意嫌消极,

持愿铁禅杖,打杀卖国贼!

这样一首观点鲜明、感情激越的诗,使当时一些读者很吃惊,但李叔同并不避讳,他以诗回道:

亭亭菊一枝,高标矗劲节;

云何色殷红,殉教应流血!

这首诗中赞扬了一种为理想而献身、流血的崇高气节,使人回想起李叔同青春年少、血气方刚时期的生活热情。

对于李叔同在近代新文化传播中做出的努力,后人也做出了公正的评价。1958年,北京音乐出版社出版了《李叔同歌曲集》。1980年，中央电视台播放了《中国音乐家小史》的专题节目，其中介绍的第一位音乐家就是李叔同，充分肯定了李叔同对中国近代音乐发展作出的重要贡献。

（修海林）

刘天华
(1895—1932)

你听过二胡独奏曲《光明行》吗？它那坚定的曲调饱含着不屈不挠的民族精神，不知为多少人增添了信心和勇气。

《光明行》曲调开朗，旋律刚劲豪迈，节奏坚定有力，表现了作者勇往直前的进取精神，以及在黑暗势力的统治下，追求光明前景的坚强信念。它的作者，就是我国杰出的民族音乐家兼音乐教育家——刘天华。

1895年2月4日，刘天华出生在江苏省江阴县一个清贫的知识分子家庭。年幼时,父亲受当时进步思想的影响,极力提倡新式教育,在家乡集资创办了一所学校,向当地的少年儿童宣传富国强兵、抵御外侮的爱国思想。刘天华在这所学校读书时,十分刻苦。课余,他最喜欢唱歌,很快就学会了一首首宣传进步思想的歌曲。

小学时期的教育和家庭影响,在刘天华的心里埋下了一颗自强、爱国的种子。1909年,刚满14岁的刘天华为了学到更多的知识,告别父母,与哥哥刘半农一起离开家乡,到江苏常州读中学。

刚进中学时,刘天华仅仅是一个业余爱好音乐的学生。每当他看到学校军乐队的同学们排着整齐的队伍、迈着雄健的步伐,吹起银光闪闪的铜号时,羡慕极了。他借了一把小号,利用课余时间勤学苦练,很快就掌握了吹奏方法,被学校军乐队吸收为正式队员。

1911年,学校因辛亥革命的爆发而关闭,刘天华的中学时光就此结束。他回到家乡后,以军乐队队员的身份参加了当地的"反满青年团",他们吹着军号,勇敢地加入了与封建势力斗争的行列。通过亲身经历和体验,刘天华意识到音乐不仅可以表达情感,陶冶情操,还可以在斗争中起到号召民众、鼓舞人心的巨大作用。这坚定了刘天华以音乐教育和音乐创作为职业的信念。

1912年春天,刘天华离开家乡来到上海,一边参加开明剧社的乐队,一边利用业余时间自学音乐基础理论。

刘天华没有接受过专门的音乐教育,也没有"神童"般的音乐天赋,但他性格坚毅,勤勉好学。为了掌握各种乐器的演奏技法,刘天华虚心地拜能者为师,按时上课,风雨无阻。练习的时候,他从不放松对自己的要求,常常为了巩固已经学会的指法、弓法,忘记吃饭和睡觉。刘天华的哥哥刘半农先生回忆当时的情景,写道:"天华性情初不与音乐甚近,而其'恒'与'毅',则常人无能几。往往练习一器,自黎明至深夜不肯歇,甚至连十数日不肯歇,其艺事之成功实由于此,所谓'人定胜天'者非耶?"

就这样,刘天华凭着自己的毅力和锲而不舍的精神,很快学会了二胡、琵琶、三弦、古琴、小提琴、钢琴等多种中外管弦乐器的演奏方法。

1914年,开明剧社解散,刘天华再次返回故里,先后在小学、中学时期的母校任教。这时，刘天华无论在音乐理论还是乐器演奏方面，都有了很高的造诣。

通过与民间艺人的频繁接触和对传统音乐文化的进一步了解，刘天华认识到掌握民族民间音乐的重要性。于是，他广泛结交民间艺人，并拜他们为老师。他向周少梅先生学习二胡、琵琶等民族乐器，掌握了"主音二胡"的演奏技巧；他向沈肇（zhào）洲先生学习《瀛（yíng）州古调》，得到了崇明派琵琶的真传；他甚至不辞劳苦，千里迢迢地到河南学习古琴。此外，刘天华还收集整理了一批流行于江南一带的笛子、锣鼓等民间器乐曲谱，为以后的创作积累了丰富的民间音乐素材。

1915年初，刘天华目睹北洋政府黑暗统治下人民群众的深重苦难，想起自己由于丧父、染疾、失业所陷入的困境，百感交集。在这种心境下,他创作了处女作、二胡独奏曲《病中吟》。在这首作品中,刘天华运用纯朴的民族民间音调,表现了当时一部分知识分子对黑暗现实的不满、思想的苦闷和对理想的追求。此后,他又创作了《月夜》和《空山鸟语》两首二胡独奏曲,前者以抒情为主,表露了作者对自然景致的热爱和对美好未来的向往;后者以模拟自然音调为主要表现手法,再现了唐人"空山不见人,但闻鸟语声"的诗情画意。

这一时期,刘天华还积极参与社会音乐活动。他在江阴组织"暑期国乐研究会",介绍和传授《病中吟》《月夜》《空山鸟语》等乐曲的创作经验与演奏方式,为广泛普及民族民间器乐曲做了大量有益的工作。

为了实现"振兴国乐"的远大理想,刘天华希望能有一个便于学习和进一步深造的环境。他多次给当时在北京大学任教的哥哥刘半农写信，表示"每羡都中专家荟萃，思欲周旋揖让于其间"的愿望。

1922年，刘天华来到北京。此时，他的作曲和演奏都已卓有成就，他创作和改编的二胡、琵琶独奏曲，以集中国古典、民族音乐文化精髓之大成而见长，博得了中外音乐界的一致好评；他的演奏在技术上有所创新，在艺术上具有强烈的感染力，轰动了当时的北京音乐界。刘半农先生追忆当时的情景时写道："天华于琵琶二胡，造诣最深。琵琶之《十面埋伏》一曲，沈雄奇伟，变化万千，非天华之大魄力不能举。其于二胡，尤能自抒妙意，创为新声，每引弓一弄，能令听众低徊玩味，歌哭无端；感人之深，世罕伦比。"一名外国人听了他的演奏之后，惊叹道："微此君，将不知中国之有乐。"

不久,北京大学音乐传习所、北京女子高等师范学校等学校争相聘请刘天华为教授二胡、琵琶专业课程的国乐导师。曾经,二胡只在民间使用,被认为不能登大雅之堂。自刘天华开始,二胡作为独奏乐器,不仅登上演奏殿堂,还进入了高等学府,成为文化人所喜爱、欣赏的一种乐器。

在刘天华看来,音乐是一门学无止境的艺术。因此,当他成为一名声望很高的教授时,仍然做着别人的学生。他向民间艺人学习昆曲艺术,学习单弦拉戏,向外籍教师学习作曲理论,学习小提琴,每天坚持练习六七小时。他的学生回忆说:"我每次到他家去回课或者去看望他,总是未进门先听到琴声的。"由此可见刘天华学习音乐的刻苦精神和顽强毅力。

1926年，北洋政府认为开办艺术学校有伤风化，下令停办了包括音乐在内的所有艺术院校，并把这笔费用移作军费开支，购买了一批军火。面对这种情况，刘天华非常愤慨。在压抑情绪的驱使下，他创作了《苦闷之讴》和《悲歌》两首二胡独奏曲，用悲伤的音调表达苦闷的内心世界：既憎恨帝国主义、封建主义的统治，又缺乏投身于革命的勇气，只能在痛苦中彷徨、叹息。

受五四运动进步思想的影响，刘天华积极地参与了以"振兴国乐，唤起民族之灵魂"为宗旨的社会活动。1927年8月，在音乐界挚友们的帮助和支持下，刘天华发起、创办了一个社会性的音乐团体——"国乐改进社"，并自筹资金，编辑出版《音乐杂志》。其目的，正如他在《国乐改进社成立刊》上撰文所说："改进国乐这件事,在我脑中蕴蓄了恐怕已经不止十年,我既然是中国人,又是以研究音乐为职志的人,若然对于垂绝的国乐不能有所补救,当然是件很惭愧的事。"

为了表明自己的愿望和决心,刘天华还特意为国乐改进社的成立创作了一首琵琶独奏曲:《改进操》。这首琵琶曲的旋律古朴淡雅,从模拟古琴的音调开始到高潮乐段的出现,经历了一个不断变化、不断发展的复杂过程,表达了作者寓意深刻的暗示:发展民族音乐文化必须走一条新的道路——改进。

当时,我国内外交困,民穷国羸,民族音乐得不到应有的重视,"国乐改进"的想法自然也得不到当局的响应和支持。但刘天华没有放弃。他在自己力所能及的范围内做了大量的"国乐改进"方面的工作。比如在乐器方面,刘天华在《音乐杂志》上发表文章提出："论及胡琴这乐器，从前国乐盛行时代，以其为胡乐，都鄙视之；今人误以为国乐，一般贱视国乐者，亦连累之；故自来很少有人将它作为一件正式乐器讨论过，这真是胡琴的不幸。"他还重申自己的观点：不论哪种乐器，哪种音乐，只要能给人们带去精神上的慰藉，能表现人们的艺术思想，都是可贵的。

刘天华考虑到二胡制作简单、便于携带，又在民间广泛流传、深受群众喜爱，要发展"那唤醒一民族之灵魂的音乐"时，它恰恰是最理想的乐器。而音量小、表现力弱，也是二胡本身的缺点。于是，刘天华对二胡进行了改造。

当时民间普遍流行的"托音二胡"，音区偏低，音色也比较沉闷。为此，刘天华推广"主音二胡"，这样既可以表现凄楚哀怨的情绪，又能发出柔美明亮的音色,从而丰富二胡本身的表现力。此外,刘天华在琴杆、琴筒、琴马、弦轴、弓杆的选料和制作工艺等方面也进行了大胆革新,并统一了专业二胡的规格和形制,用增加琴杆长度的办法扩大了二胡的音域。

实践证明,这种新型二胡在音域、音质、音量等方面都有很大的改进,而且容易演奏难度较大的作品,表现力丝毫不比琵琶、古琴逊色,很快博得了各界人士的一致好评,使二胡这一古老的乐器焕发出新的光彩。

刘天华根据自己多年的积累和教学经验,以民间曲牌和戏曲音乐为主要素材创作,编写了一套系统的二胡练习曲,并将民间各种各样标记弦式、指法和弓法的符号系统化、规范化,不仅有益于教学工作,也促进了学术交流活动的开展。

另外，刘天华陆续发表了一部分二胡作品。这些作品都具有浓郁的民族风格，但在曲式上借用了西洋音乐的手法，大胆地使用了小提琴的某些演奏方法。如他在《空山鸟语》中使用了跳弓、自然泛音和人工泛音等技巧，在《苦闷之讴》中使用了快速连弓的处理手法，这些都对二胡后来的创作和演奏产生了深远的影响。

刘天华以自己的辛勤劳动，创建了一个新的二胡演奏学派，为我国民族乐坛培养了以蒋风之、陈振铎等人为代表的一大批二胡演奏家，被誉为二胡演奏艺术的一代宗师。

九一八事变前夕，刘天华怀着强烈的民族自尊，创作了二胡独奏曲《光明行》，并参加了首场演出。《光明行》以明朗、坚定的音调表现了中国人民追求光明、追求幸福、实现美好灿烂的明天的愿望。刘天华曾想把《光明行》

带到欧美等国去演奏,让世界上更多的人能了解中国人的志向和勇气,但由于种种原因,这个愿望没能实现。

九一八事变后,刘天华受到单弦拉戏的启发,利用二胡内弦音色饱满的特点,运用琵琶、小提琴的一些演奏技巧,创作了二胡独奏曲《独弦操》。所谓"独弦操",就是用二胡的一根弦进行演奏。乐曲以激动的旋律、具有不安定感的切分节奏,展现了作者在国难当头之际的复杂情感,有不愿作亡国奴的愤懑,又有无能为力的忧郁,同时也表现了全国同胞日益高涨的抗敌情绪和誓将侵略者赶出家园的坚强信念。

1932年5月,刘天华创作了二胡独奏曲《烛影摇红》。这是一首变奏形式的舞曲,在散板结构的引子之后,一个具有舞蹈者形象的音乐主题出现了，那跳跃的、充满着活力的旋律，像一朵朵生命的浪花在不断翻涌。这是刘天华创作的最后一部作品，活泼、欢快的旋律表明了作者对生活抱有无限希望。他热爱生活，更热爱自己所从事的音乐事业。

1932年5月下旬，刘天华为了采集民间说唱音乐和民间打击乐的一手素材，几乎每天都置身于卫生条件非常恶劣的环境之中。5月31日，他在听写流浪艺人的演唱、演奏时，不慎染上了猩红热，从此一病不起。一星期后，刘天华溘然长逝，那时他还不满38岁。

刘天华为人正直、性格刚毅，生活清苦贫寒，但他从没动摇过振兴民族音乐的理想和信念。作为一名教授，在他的努力下，民族音乐被正式列为高等音乐院校的课程，他通过二胡、琵琶、小提琴等专业教学，为中国音乐界培养了大批专门人材。

刘天华作为作曲家,创作了10首二胡独奏曲,3首琵琶独奏曲,2首民乐合奏曲,47首二胡练习曲和15首琵琶练习曲。作为优秀的演奏家,他富有独创性的演奏、精湛的技艺,为后人开辟了新的道路。他广泛收集民间音乐的原始资料,用五线谱记录了梅兰芳先生的74段唱腔,出版了《梅兰芳歌曲谱》,首次把中国的戏曲艺术介绍到了欧美各国。此外,他还着手编写《安次县吵子会乐谱》,翻译《和声学》,为民间音乐的整理、中外音乐文化交流作出了重要贡献。

短促的生命使刘天华未能实现自己的远大理想。但是,他耗尽毕生精力所做的努力,为振兴民族音乐的文化事业开辟了一条新的道路,也为后来者做出了榜样。

张寒晖
(1902—1946)

在音乐舞蹈史诗《东方红》的影片里,有这样一个镜头:乌云翻滚,大地一片黑暗。这是战火弥漫的抗日战争初期,一群从东北松花江畔流亡到内地的学生,在北京街头唱起了《松花江上》——

我的家在东北松花江上,

那里有森林煤矿,

还有那满山遍野的大豆高粱,

…………

哪年哪月，才能够回到我那可爱的故乡？

哪年哪月，才能够收回那无尽的宝藏……

这动人肺腑的歌声，把我们带到了抗日战争的艰苦岁月，唱的人、听的人无一不为之落泪。这首歌的作者是张寒晖，它曾激起许多同胞的民族仇恨，让他们拿起武器奔向战场，为中华民族的存亡流血、牺牲……

张寒晖于1902年5月5日出生在河北省定县（今河北省定州市），由于家境贫苦，生活困难，他从小就养成了刻苦勤学的好习惯。少年时代的张寒晖从父亲那里学会了拉胡琴、弹琵琶，并接受了进步思想的教育，这些都为他后来从事革命文艺工作打下了基础。

1922年，20岁的张寒晖考到北京的艺术学校学习戏剧表演。他的演戏才能很出众，是戏剧表演方面的优等生。

1925年，张寒晖加入中国共产主义青年团，不久便转为中国共产党党员。此后，他以坚定的革命立场，为人民的解放事业奋斗不息。

张寒晖从学校毕业后，先后在北京、定县、西安等地从事群众性的戏剧工作，他不但演戏，还编写剧本，担任导演。不论在城市还是农村，不论当教师还是搞农民运动，他都把开展群众戏剧活动当作自己应尽的责任。他写的很多歌曲，都是为了剧情需要而编写的。

1937年，抗日战争爆发后不久，党派他在西北的东北军政治部里负责宣传工作。当时，东北军是张学良领导的部队，1931年九一八事变后，这支部队被迫离开了可爱的故乡和亲人，从东北沦陷区来到了古城西安。在西安，他们受到中国共产党抗日救国主张的影响，强烈要求抵抗日本侵略，收复失地，打回老家去。与东北军朝夕相处的张寒晖,深切地感受到他们这种怀念故乡的情绪,于是编写了一部宣传抗日的街头剧。《松花江上》就是这部剧中的一首插曲,也是他创作的第一首歌。歌词写好后,部队一时找不到谱曲的人。张寒晖说:"这个歌,还是咱们自己来谱吧!"当时,他对作曲知识懂得还不多,但他凭借满腔的激情,以真挚而强烈的感情,一句句地唱了起来。当他唱到"从那个悲惨的时候",双眼热泪滚滚,唱到"爹娘啊,爹娘啊"时,竟难过得唱不下去。就这样,他一边唱着,一边由别人把谱子记录下来,终于完成了《松花江上》的创作。这可不是一首普通的歌曲啊!它饱含着作者对祖国、对民族的炽热情感和对敌人的无比憎恨,是用血和泪凝成的艺术杰作!

这首优秀的歌曲一出现,立即受到了东北

军、东北流亡学生和广大群众的喜爱，很快传遍了西安，传遍了全国。当时，这首歌并没有公开出版过，更没有正式广播过，人们也不知道它的作者是谁，但是大家争相传唱、传抄，一传十，十传百，它就越过高山，飞过大河，成为抗战初期最流行的革命歌曲之一。

那时，周恩来同志在八路军驻西安办事处工作，经常到东北军中开展活动。东北军将士们都十分钦佩周恩来同志在政治、军事上的雄才大略，尊敬地称他为"周将军"。有一次，周恩来同志出席了东北军的军官会议，并在会上做了精彩的形势报告。讲话结束后，大家十分崇敬地望着周恩来同志，谁也不愿离开。这时，周恩来同志爽朗地说："大家唱首歌好不好？"一位军官站出来提议："请周将军给我们指挥！"会场上立即爆发出热烈的掌声。周恩来同志谦虚地笑了笑,挥手指挥大家唱起了《松花江上》。激昂、悲愤的歌声回荡在整个会场,猛烈地冲击着大家思念故乡的心情。当唱到"哪年哪月,才能够回到我那可爱的故乡?哪年哪月,才能够收回那无尽的宝藏"时,全场军官都眼含热泪,有的低着头哭泣,有的握紧了拳头。歌声引起了大家强烈的共鸣,激发了军官们的爱国热情,增强了他们抗战必胜的信心。

《松花江上》的问世得到如此强烈的反响,是张寒晖意想不到的。这也激起了他以音乐为武器参加战斗的决心。他更加刻苦地自学音乐知识,为了斗争的需要,不断地创作出一首首歌曲。

1938年,张寒晖为中条山抗日游击队创作了一首战斗歌曲,他用生动的音乐形象刻画了灵活机警、英勇乐观的游击队员形象。这首歌名叫《游击乐》，听了这首歌，我们好像看到一群打败了敌人的游击战士，唱着胜利的歌大步返回根据地的景象。

张寒晖在革命斗争中，不仅写了许多给成年人唱的歌曲，而且非常关心孩子们的成长。他既是孩子们的良师，也是孩子们的知心朋友。1938年后，他曾在西安的东北竞存中学当老师。这个学校的数百名学生，都是从东北流亡到西安来的无家可归的孩子们，他们为了生存，为了斗争，集合在一起学习文化科学知识。学校开始设在西安，后来由于日本帝国主义轰炸校园，国民党反动派又对学校横加破坏，被迫搬到远离西安的凤翔县，教室是一间破庙。张寒晖带领着孩子们，在吃不饱、穿不暖的情况下艰苦奋斗，坚持学习。学校缺少教员，张寒晖就什么课都教。当时的教员们基本拿不到工资，张寒晖偶尔得到一点，常常自己舍不得花，都用来帮助穷苦的孩子们。在漫长而艰苦的岁月里，他和孩子们建立了深厚的感情。

为了鼓舞孩子们的革命意志，张寒晖创作了一首《学习学习再学习》的歌曲，教给孩子们唱：

居住在破庙，饮食在露天，

身穿着破烂的绿军衣，

但是，我们的学习有趣味，

有意义，有生气。

艰难困苦，狂风暴雨，

我们是决不恐惧，

努力，努力，

我们要不断地努力，

一切以抗战为前提。

这首歌后来成为东北竞存中学的校歌，激励着孩子们在艰难困苦中努力不懈，勇敢战斗。

此外，张寒晖还为少年儿童创作了《打日本》《小猫的歌声》《我不怕》《小刘栓》等歌曲，深受大家喜爱。比如《小刘栓》这首歌，是歌颂一位13岁的抗日小英雄，他机智地设下陷阱，只用一颗手榴弹就炸死了敌人的军官！孩子们唱起这首歌，既痛快又解气，可高兴啦。

1942年，张寒晖来到党中央的所在地陕西延安，并担任边区文艺界的领导工作。革命根据地人民热火朝天的斗争生活，激起张寒晖强烈的创作热情。几年之内，他编写了好几部秧歌剧。著名歌曲《边区十唱》（又名《军民大生产》），就是秧歌剧《打开脑筋》中的一首插曲，后来也被音乐舞蹈史诗《东方红》选用了。这首歌的曲调原本是陇东地区（甘肃省东部）的劳动号子。1944年，张寒晖下乡开展工作时，从群众中学会了这首民歌。1945年，张寒晖为这首曲调填了十段歌词，生动地反映了边区军民开展大生产运动的情景。

《松花江上》是张寒晖创作的第一首歌曲，《边区十唱》是他创作的最后一首歌曲。张寒晖一生共写了50余首歌曲，一头一尾的两首歌，是他杰出的代表作。

为中国人民写出了许多首优秀歌曲的张寒晖，始终没有专门学过音乐，也没有专门从事音乐创作。他的全部音乐知识，都是靠自己刻苦自学得来的，是从勤奋的创作实践中摸索到的。他为了革命斗争的需要而创作，为了表达人民群众的愿望而创作。

张寒晖在长期的艰苦工作中累坏了身体。

1946年3月11日,张寒晖因病在延安逝世,年仅44岁。病魔夺去了这位革命艺术家的生命,但他的《松花江上》《边区十唱》等优秀歌曲,永远地活在了中国人民的心中。

(梁茂春)

冼星海
(1905—1945)

1929年夏季的一天,中国的一个港口开出了一艘轮船。轮船的甲板上,站立着一位年轻的中国人,他以恋恋不舍的目光,注视着逐渐消失在朦胧之中的祖国土地,从心底发出了深情而又坚定的声音:"祖国啊,我一定会回来的!"

这个青年,就是正要离开祖国到法国巴黎去学习音乐的冼星海。面对波涛汹涌的大海,冼星海心潮起伏,回想起自己的童年,回想起自己度过的 24 个艰辛的年头。

那是 1905 年的一个夜晚，广东省一家贫苦渔民的破船上，一个婴儿出生了。婴儿的母亲面对茫茫的星空和无边的大海，决定给他取名为"星海"。

冼星海出生之前，他的父亲就去世了。勤劳、善良的母亲靠给别人当用人的微薄收入，把他抚养长大。

冼星海从小就尝到了生活的艰辛，也从小养成了和苦难命运搏斗的顽强性格。13 岁起，他就一边读书，一边做苦工。后来，他考入了广州的岭南大学文科班，为了维持生活，他仍然兼做打字员、工人夜校教师等工作。冼星海小时候非常热爱音乐，他擅长吹"洋箫"（单簧管），还被人们称为"南国箫手"。在岭南大学读书的日子，他不但利用课余时间学习提琴,还兼做学校乐队的指挥。

1926年,为了更好地学习音乐,冼星海离开了南国的故乡,来到北京大学音乐传习所学习。当冼星海向音乐传习所的负责人详谈了自己学习音乐的决心和奋斗经历时,负责人深受感动,决定收冼星海为学生,并安排他在图书馆工作,帮助他解决生活上的困难。冼星海得到了学习音乐的机会是多么高兴啊!他满怀希望地想,只要自己勤学苦练,总有一天会成为对国家有用的音乐人才。

然而,残酷的现实打破了冼星海天真的幻想。北洋政府竟以"有伤风化,浪费国家资财"的罪名,下令解散北大音乐传习所。冼星海失去学习音乐的机会,心中十分痛苦,他常想:为什么在如此广阔的土地上,竟没有我学习音乐的地方?

1928年秋，冼星海考入上海国立音乐学院。旧社会的种种黑暗、腐败和文化制度的不合理，使富有正义感的冼星海再也不能只埋头读书了。他经常参加进步学生组织的各种活动，最后，在一次反对学校不合理收费制度的斗争中，他和一帮穷学生一起，被学校当局无理地赶出了校门。

冼星海又一次失去了学习音乐的机会，这对他是多么大的打击啊！但是，任何打击也动摇不了他学习音乐的决心。他决定离开祖国，到法国巴黎深造。

就这样，身无分文的冼星海在朋友的帮助下，在轮船上找到一个做苦工的差事，开始了去巴黎的航程。

巴黎这个世界名城，是富人的天堂，穷人的地狱。冼星海一踏上巴黎的土地，就陷入饥饿与贫困的包围之中。他曾在巴黎的街头徘徊整整3个星期,却找不到任何工作;后来,他当过餐馆跑堂、理发店杂役、修指甲工、音乐家的仆人;他还曾忍住羞辱,到餐厅、咖啡馆去拉琴行乞,尝够了有钱人的嘲弄、欺侮甚至毒打……这一切,冼星海都咬紧牙关,默默地忍了下来。他深知,自己远离故土,来到异国,并不是为了享受巴黎的繁荣,而是为了更好地学习音乐,将来能为祖国服务。

经朋友的介绍,冼星海向两位巴黎有名的音乐家学习提琴和作曲。当提琴老师奥别多菲尔先生知道这个富有音乐才能、刻苦好学的中国青年是一个穷苦工人时,他感动地握住冼星海的手说:"从今天起,你就是我的学生,我不收你的学费!"作曲老师加隆先生也决定不收冼星海的学费。

冼星海在热心老师的指导下，如饥似渴地学习，进步飞快。可是，能够用来学习的时间是那么少，学习的环境又是那么恶劣。他居住在7层楼顶上的小房间，房间矮得使人直不起腰，他只好每天打开天窗，把身子伸出屋顶，对着天空练习提琴。他常常早上5点就到餐馆，一直工作到晚上。为了不间断学习，他只能利用给客人端菜的空隙，背着凶狠的老板娘，在烟雾腾腾的厨房里复习功课。有一次，冼星海白天刚下课，立刻就到餐馆工作，一直持续到晚上9点。他感觉又饿又累、头晕目眩，终于在端菜上楼时，摔倒在地。老板一顿痛骂后，第二天就把他开除了。

在巴黎，冼星海参加了"国际工会"。工会俱乐部里常常放映一些关于中国的纪录影片。冼星海多么渴望能从影片中得到有关祖国的好消息，可是每次他看到的都是祖国的灾难：咆哮着、吞没了祖国千百万人民生命财产的大洪水；成群结队、无家可归、赤身露体的祖国灾民；高高悬挂在电线杆上、流淌着鲜血的中国革命者的头颅；被苦难压弯了腰的中国苦力，黄包车夫佝偻的身体……看到这一切，冼星海的眼中总是充满了泪水。

一天深夜，冼星海在工会俱乐部看完了有关祖国的纪录片后，冒着寒风走回自己那间没有生火的小房间。他躺在床上，裹紧了那件用来代替棉被的破大衣，想在睡梦中摆脱那沉重的心情和白日的疲劳。可是，他怎么也睡不着。呼啸着的狂风从墙缝、破窗中猛烈地灌进这个小房间。冼星海站到窗前，倾听着风的呼啸，仰望着当空的皓月，思绪飞向了远方：听，这风的呼号，多么像祖国人民的号哭和呜咽；

这门窗在狂风下发出的撞击声,不正像祖国人民与苦难命运搏斗的呐喊声吗?冼星海想着想着,一支悲壮的旋律在他脑海中涌现。他拿起笔,飞快地记录下这支旋律,并为它配上伴奏。当他一口气写完了这首用血泪凝结成的《风》时,黎明的曙光已经出现在窗前。

冼星海在歌曲《风》中,用真挚的感情和熟练的技巧,表达了他对祖国和人民的无限热爱与思念。这首歌曲很快受到巴黎音乐界人士的赏识,被巴黎的电台广播,并被列为巴黎音乐学院新作品演奏会的节目。这首歌曲的成功和长期的刻苦学习,使冼星海顺利考入此前从来没有录取过中国人的巴黎音乐学院高级作曲班。公布结果那天,当主考老师宣布冼星海得了"荣誉奖",并询问他有什么物质方面的要求时,饥饿、疲乏而又过分紧张的冼星海只说了"饭票"两个字，就再也说不出话来了。那以后，冼星海就在法国印象派作曲家杜卡先生的直接指导和热情帮助下，开始在巴黎音乐学院系统地学习作曲。

1935年春，在饥饿与穷困中发奋学习的冼星海，终于从巴黎音乐学院高级作曲班毕业。朋友们都劝他留在巴黎，因为根据学习成绩，他很可能在巴黎成为一位有名望的音乐家，并获得荣誉、地位和优裕的物质生活。但是冼星海毅然决定：回祖国去，把自己学到的一切贡献给亲爱的祖国！

那一年，中国正在遭受日本帝国主义的野蛮侵略，中华民族处在危亡的关头。富有爱国热情的冼星海一回到上海，立刻投身抗日救亡运动。他为"一二·九"示威游行的学生写了《我们要抵抗》等歌曲，鼓舞群众抗日的斗志。而后，他创作的《战歌》《救国军歌》《黄河之恋》《热血》等充满战斗激情的抗战歌曲，很快又传遍了祖国各地。

1937年，冼星海参加了上海救亡演剧二队，到各地去宣传抗日，后来又在周恩来同志和郭沫若同志领导的武汉军委政治部第三厅工作。这些日子里，冼星海不顾敌人空袭的危险，经常深入到工厂、农村、商店、学校去，指挥群众唱歌，组织歌咏大游行。他虽然工作繁忙，但心情却非常兴奋。一次到湖北矿场的参观活动，给他留下了深刻印象。那天，冼星海和工人们一起进入煤矿井的底层，亲眼看到了矿工们的悲惨生活：工人们全身脱得精光，天一亮就下井，整日看不见太阳，呼吸着井底恶劣的空气，晚上才出井。冼星海为资本家对工人的残酷剥削而愤愤不平，也被工人们不畏艰难的顽强、乐观的精神所鼓舞。于是，他创作了歌曲《起重匠》，反映工人的劳动生活，表达了自己对工人阶级的热爱。

直接参加救亡歌咏运动，以及长期同人民群众在一起，冼星海深深体会到了人民群众的伟大力量，认识到救亡歌声是一种锐利的武器，"她可以保国土，可以唤醒民众，而且还可以粉碎敌人"，他找到了用音乐来挽救民族危亡的道路。这一时期他创作的《游击军》《到敌人后方去》《在太行山上》等歌曲，受到了群众的热烈欢迎，在抗战中起到巨大的鼓舞作用。

但是，国民党反动派却蓄意破坏全国人民的抗日运动和抗日歌咏活动，他们拆散群众歌咏团体，对抗战歌曲实行审查、限制、排斥、禁止。曾经响遍全国各地的抗战歌声，又被迫沉寂下来。冼星海不能把自己的全部力量献给救亡歌咏运动,心情十分苦闷!

就在这时,延安鲁迅艺术学院音乐系的全体师生给冼星海寄来了一封热情洋溢的信,聘请他到音乐系工作。在党中央的亲切关怀下,冼星海于1938年11月来到了革命圣地延安。

1939年5月的一天,延安一个简朴的大礼堂里,挤满了热情的人群。冼星海走上舞台,指挥鲁艺合唱团演出他新创作的《黄河大合唱》。他的心情是多么激动啊,因为毛主席和党中央领导正坐在人群当中,专心地观看他们的演出!

合唱队的歌声响彻了整个礼堂,也震撼着每一名听众的心。歌声赞美着壮丽的祖国河山,唱出了中华民族在侵略者铁蹄下的痛苦呻吟,叙述着中国人民奋起抗日的伟大斗争。啊!这岂止是歌声,更是滚滚的惊雷,是狂风骇浪的怒吼,是中华民族向全世界发出的战斗号角!

合唱结束了,台下爆发出暴风雨般的掌声,观众向冼星海和合唱队热烈欢呼,毛主席站起来,高兴地说:"好!"

此时此刻,冼星海的心情是难以用语言来表达的。他来延安还不到半年,却在党组织和同志们的关怀下,思想上取得了很大的进步。他参加了延安的革命斗争和大生产运动,这使他与群众的心贴得更紧了;他学习了马列主义的基本原理,开始懂得音乐与人类解放事业的正确关系;他收集、记录了许多民族、民间音乐,并深入地分析中国民族音乐的特点,从而更坚定了创造中国民族新音乐的决心。有了延安这个革命大熔炉的锤炼和革命根据地丰富的斗争生活的滋养,冼星海才能在短短的时间内,接连写出了《军民进行曲》《生产大合唱》《黄河大合唱》《九一八大合唱》等深刻反映中国人民斗争生活、具有鲜明民族风格、深受群众喜爱的优秀作品。冼星海深深地感觉到：这一切成绩，应该归功于党，归功于人民！

1939年6月14日，冼星海光荣地加入了中国共产党。他在日记中写道："今天是我生命中最光荣的一天。我希望能改变我的思想和人生观，去为无产阶级的音乐来奋斗！"从此以后，冼星海工作更努力了。他不辞辛苦地为鲁艺音乐系的同学们讲课，有时从傍晚一直讲到天明；他刻苦钻研民族、民间音乐，撰写音乐论文，为发展我国革命新音乐提出宝贵的建议；他一次又一次地根据群众意见修改作品，创作群众真正喜闻乐见的作品。他把自己的全部时间和精力，都献给了党的音乐事业。

1940年,党中央委派冼星海到苏联为一部电影创作音乐。他到苏联不久,伟大的卫国战争爆发了。他和苏联人民一起,积极投身反法西斯斗争。在战争环境中,冼星海的生活非常艰苦,身体变得虚弱多病,但他发挥了高度的国际主义精神,在困难条件下,创作了歌颂卫国战争的《神圣之战》交响曲,还创作了歌颂苏联民族英雄的《阿曼盖尔德》交响诗,来鼓舞苏联人民的斗志。在这期间,冼星海还创作了4首管弦乐组曲。

这段日子里,冼星海曾多次想回到祖国的怀抱,但因国民党反动派的阻挠而未能实现。为了继续发展中国的民族交响乐,他把西洋音乐的创作技巧和中国民族音乐的特点相结合,在1941年完成了《民族解放战争交响乐》。在这首作品的前面,他以无限的深情写下了这样的字句：此作献给伟大的中国共产党党中央委员会和光荣的领袖毛泽东同志。1945年，他又在重病中创作了《中国狂想曲》。他以顽强的意志，实现了自己的诺言：为党、为人民"写到我最后的呼吸为止"。

1945年10月30日，冼星海因病医治无效，在莫斯科的医院中逝世。这是党和人民的巨大损失。为了悼念他，毛泽东同志亲笔写了挽词：为人民音乐家冼星海同志致哀！

冼星海是中华民族的伟大音乐家，仅仅活了40岁。在这烽烟弥漫的40年里，他在中国共产党的领导下，为挽救民族危亡，创造我国无产阶级的音乐事业，贡献了自己全部力量：他创作了250多首歌曲、4部大合唱、2部交响乐，以及其他一些作品。这些作品深刻地反映了我国人民的斗争生活，具有鲜明的民族风格和群众喜闻乐见的艺术形式，在我国的革命斗争中，起到巨大的战斗作用，成为我国无产阶级音乐的光辉篇章。

"为抗战发出怒吼，为大众谱出呼声"——周恩来同志给冼星海的亲笔题词，很好地概括了他战斗的一生。冼星海是我们中华民族的骄傲，他的革命精神和不朽的作品，将永远鼓舞着我们前进！

（韩建邠、董聆）

张 曙
(1909—1938)

在一个晴朗的星期天下午,公园里的游人越聚越多。这时,人群中突然响起了抗日救亡的歌声,人们朝着歌声的方向,见到一位高大、健壮、眉宇宽阔的青年人站在高处,挥舞着双臂,指挥着人们歌唱。人们跟随他那干净利落的手势,把歌唱得十分整齐、响亮。他们像开音乐会似的,一个接一个地唱下去。公园里的许多游人都被歌声吸引住,不少观众激动得流下了眼泪,有的还情不自禁地随着歌声

唱了起来:

> 同胞们,我们斗争的时候到了!
>
> 这时候,不分男女,不分老少,
>
> 我们联合地牢守住战壕,
>
> 我们来勇敢地把它赶跑!
>
> 看啊!我们从抵抗中找到出路了,
>
> 听啊!这澎湃的民族解放斗争的怒潮……

整个公园在革命的歌声中沸腾着,雄壮而愤怒的歌声像冬日里的惊雷,驱散了天空中的乌云,赶走了压在人们心头的苦闷。就在这时,反动派的军警赶来了,游人有些惊慌,可是那位高大的青年却早有准备。只见他机警地把手一挥,歌咏大会便胜利结束了。参加歌咏的人群迅速分散开,三三两两、有说有笑地走出了公园。反动派来势汹汹,结果一无所获,个个气得干瞪眼。

歌咏大会虽然结束了,但歌声却响在人们的耳边,留在人们的心里。当时,全国各地有不少青年在革命歌声的振奋和鼓舞下,积极参加抗日救亡工作,走上了革命的道路,有的甚至拿起武器,走上了杀敌的战场。一颗炮弹的爆炸力有多大,人们可以计算得出来,但是革命歌曲对群众的鼓舞,对人们意志的团结作用,又怎么能计算得出来呢?

刚才那位勇敢、机智的青年指挥,就是革命音乐家张曙。

1909年,张曙出生在安徽歙(shè)县。他从小就喜爱音乐和戏剧,8岁那年,他成为一个徽戏班里的小琴师。

张曙家的隔壁是个徽戏班。说来也巧,这位未来音乐家出世的时候,正赶上戏班在排练,欢快的琴声和歌声热情地迎接他来到这个世界。

小张曙在这样的环境里长大,很自然地爱上了徽戏,爱上了音乐。隔壁唱戏的叔叔、爷爷们,也很喜欢这个聪明好学的孩子。

春天的早晨,牙牙学语的小张曙随着隔壁传来的琴声、歌声,一边哼着唱着,一边手舞足蹈,逗得家里人眉开眼笑。

夏日的午后,刚学会蹦跳的小张曙,便跟着徽戏班的叔叔们跑到乡村的土台下,躲在琴师的身后听戏。每一声锣鼓,每一句唱腔,他都听得津津有味。

秋末的黄昏,不满7岁的小张曙坐在家门口的石阶上,一本正经地把小手指按在绷紧的丝弦上学拉胡琴。

就这样,像一串上升的音阶,小张曙一天比一天高,琴技也越来越好,8岁的时候,他已经登台为徽戏班的叔叔们拉琴伴奏了。

1926年,张曙从中学毕业,爸爸想让他到上海报考政法学校,毕业之后好当个"官"。但张曙没有选择这条路,他考入了上海艺术大学音乐系,1928年转到上海音乐学院学习。年轻的张曙在艺术上具有多方面才能,学习也非常刻苦。不久,大家便熟悉了他的名字,认为他是一位:多才多艺的歌手。

入学前,张曙已经熟练地掌握了二胡的演奏技术。在音乐学院里他主要学习声乐,同时学习大提琴、琵琶、钢琴和作曲。后来,张曙不仅成为一名出色的男中音歌手,还是一位优秀的二胡演奏家和杰出的作曲家。

张曙的歌声十分动人。有一次,他在南京演唱了冼星海同志的《莫提起》,他那雄浑悲壮的声音,深刻动人的表演,让台下许多观众流下了热泪。就连冼星海本人也跑到后台，激动地握着他的手说："好！唱得真好！没想到这首歌能这样感动人！"

张曙不仅二胡演奏得好，还广泛宣传民族乐器。在张曙生活的那个年代，二胡这件来自民间的乐器还没有被音乐界重视，但张曙在上海时，曾单独举办过二胡独奏会，受到了群众的热烈欢迎与好评。

张曙写了许多革命歌曲，群众都非常喜爱。比如湖南、湖北一带地区，在岳麓山下、武昌城头，没有人不会唱张曙创作的《洪波曲》和《保卫国土》。他的《丈夫去当兵》《赶豺狼》《日落西山》等歌曲，也是当时歌咏大会上非常受欢迎的独唱节目。

张曙为什么能取得这样的成绩？除了他的努力之外，更重要的是：他从中学起就勇于追求真理,并抱着"为真理而斗争"的愿望。

认识张曙的人都说他是一个热情、爽朗、乐观的青年,他走到哪里,哪里就充满了欢乐。在他没有参加革命以前,年轻的张曙就像干旱的禾苗期待雨露那样,渴望学习革命的道理;他追求进步与光明的心情,就像春天的花苞寻找阳光那样迫切。他到上海以后,很快就结识了许多思想进步的朋友,并参加了当时的一个进步文艺组织"南国社",积极从事进步音乐与戏剧活动。在学校里,张曙还和冼星海一起参加过反对学校当局无理对待穷困学生的学潮,因此引起了反动派的注意。

张曙短短的一生,曾经两次被捕。第一次是因为当时反动统治阶级内部发生了一起"狗咬狗"的"刺杀案",国民党特务不由分说,胡乱抓了1000多名无辜的群众泄愤。这次无辜被捕,使张曙更加深刻地认识到:这样反动、腐败的政府,一定要打倒!从此,张曙更加靠拢中国共产党,积极创作革命歌曲,组织歌咏活动,参加进步演出,不顾一切地为革命做工作。紧接着,他的名字便上了反动政府的黑名单。1930年,他第二次被捕了。

在国民党的牢房里,张曙结识了几位优秀的共产党人——胡也频、柔石等同志(后来都在反动派的屠刀下壮烈牺牲)。从这些共产党人身上,张曙学到了许多革命的道理和斗争的经验,并且进一步认识到:中国共产党才是中国人民的救星;只有跟着共产党,推翻三座大山,实现社会主义,才能解放全中国。监狱的牢门不但没有禁锢住张曙的思想,反而更加坚定了他为真理而斗争的决心。

为了抗议反动派的暴行,难友们在狱中党

组织的领导下展开了绝食斗争。张曙在难友们中间巧妙、机智地传递消息，他坚定的信念和富有感染力的乐观精神，给难友们留下了深刻的印象。残暴的敌人为了破坏绝食斗争，对他们使用了种种酷刑。张曙经受住了考验，终于和难友们一起赢得了斗争的胜利。

出狱前的一个傍晚，艳红的晚霞从铁窗外洒进来。张曙挺立在窗下，轻轻地哼唱着从其他革命同志那里学来的法文《国际歌》。歌曲里的每一句歌词，旋律中的每一个音符，都给了他无穷的启示和力量。他双手紧握铁栏，面对着红彤彤的晚霞，暗自向为革命牺牲的烈士们许下诺言：要让我的歌，成为革命的匕首和投枪。

张曙是这样说的，也是这样做的。1933年，他参加了当时为开展新音乐运动和其他革命文艺活动而成立的"苏联之友社",并和聂耳、任光、吕骥等同志组织了"歌曲研究会",认真研究和创作群众歌曲。张曙每星期都要提出一首他创作的歌曲,请同志们讨论。同年,张曙加入中国共产党,成为一名共产主义战士。

这时,正是中华民族生死存亡的关键时刻。日本侵略者吞并我国领土的野心越来越大,国民党反动派也加大对人民镇压的力度。中国人民在中国共产党的号召下,掀起了广泛而深入的民族解放运动。共产党员张曙,以他的革命歌曲和歌喉为武器,积极投入到这场伟大的斗争中。

张曙的创作活动只有短短的七八年时间,但他却写下了几百首歌曲。他用愤怒的歌声无情地揭露了反动派的残暴罪行,用满腔的热情唱出了人民的苦难和被压迫人民的心声!

为了使革命歌曲真正深入民间,张曙还把群众熟悉的民歌填上新词,使它们成为一首首新民歌,在群众中进行抗日宣传。比如这首带有说唱形式的叙事歌曲:

别说卖糖的嘴太甜,

我是苦口婆心劝列公,

你别扮哑,别装聋,

中国国难已到了最高峰!

——话剧《卢沟桥》插曲《秦琼访友》

张曙也没有忘记他喜爱的小朋友们。他为当时流离失所的小朋友们写了这样的歌:

我们离开了爸爸,

我们离开了妈妈,

我们失掉了老家,

我们的大敌人,

就是日本帝国主义和他的军阀,

我们要打倒他……

　　　　——《战时儿童保育院院歌》

像这样激动人心的歌曲，张曙写了一首又一首。随着抗战和救亡运动的深入，他的革命歌曲传遍了长城内外和大江南北，真正起到了团结人民、教育人民和打击敌人的作用，也正如他所说的：成为一把把、一支支刺向敌人心脏的匕首和投枪。

1938年12月24日，日本帝国主义的飞机轰炸桂林，年仅29岁的张曙和他3岁的女儿，不幸牺牲在敌机的炸弹下。就在前一天晚上，张曙还创作了最后一首作品《负伤战士歌》：

谁不爱国谁不爱家？

谁没有热血？谁愿意做牛马？

我们要报仇，我们忍不下，

带了花又算什么？

鬼子兵,谁怕他……

人们说,真正的歌手是不会死的,因为他留下的歌声会永远在人间传播。为了表达人民对他的哀思,纪念他光辉的一生,诗人郭沫若写下这样的诗句:

九歌传四海,

一死足千秋。

（田青）

聂 耳
(1912—1935)

起来!

不愿做奴隶的人们!

把我们的血肉,筑成我们新的长城!

中华民族到了最危险的时候,

每个人被迫着发出最后的吼声。

起来!起来!起来!

…………

每当国歌响起,它那激昂的曲调总能让人心潮澎湃、奋勇前进。它也曾鼓舞无数中华儿女从逆境中崛起。国歌的曲作者聂耳本人，自己就是一首热血沸腾、灿烂辉煌的战歌。

1912年2月15日，我国无产阶级音乐的先驱者聂耳（原名聂守信）出生在祖国西南风光明媚的春城——云南昆明。他4岁的时候，以中医为业的父亲患重病去世。此后全家五口人的生活，都靠母亲彭寂宽（傣族）给人治病，经营中药铺"成春堂"，以及帮人做针线活来维持。

聂耳从小就听母亲唱花灯等民间歌调，讲古人刻苦求学的故事。他在上学以前，就学会了五六百个汉字。进学校后，他勤奋好学，各门成绩在班里总是名列前茅，曾经荣获求实小学的第一号褒状。聂耳知道家里经济十分困难，为了节省买书的钱，他就用自己抄写的课本学习。春节时，他又与哥哥利用假期在街头卖春联,补助家庭收入,回到家就帮母亲料理家务。聂耳就是在这样困难的条件下,勉强读完了初中。

从联合中学毕业后,家里实在没有钱供聂耳读书了。这时候,恰巧公费学校——云南省立第一师范学校招考新学制的高级师范生,聂耳以优异的成绩考进了该校高级部的外国语(英文)组。当时的公费学校虽然免交学费、食宿费,但是入学时要付保证金,书籍、被褥等费用也得自备。聂耳的母亲为了让儿子能继续进学校读书,东奔西走,四处借贷,才凑齐了这笔费用。

聂耳深知求学不易,因而倍加刻苦学习。在学校里,聂耳不仅各科学习成绩很好,对戏剧、音乐、体育也十分爱好。当时,他是话剧活动中的骨干,在愉快的郊游队伍中,更是少不了这位天真活泼、喜说好动的青年人。聂耳从小就热爱祖国秀丽的河山，他利用假期，几乎跑遍了昆明市内外的名胜古迹：翠湖、海心亭、大观楼、西山、龙门、滇池、黑龙潭……

童年时期，聂耳就受到了云南地方戏曲和民间歌舞音乐艺术的熏陶，他常常跑进茶馆里欣赏滇戏清唱。逢年过节，他又钻到人群里观看云南的地方歌舞"花灯剧"。他的耳音很好，记忆力很强，回到家就能把听到的曲调和唱词，有声有色地唱给别人听。

小学的时候，聂耳跟着隔壁一位木匠学会了吹笛子。后来他又学会了弹三弦，拉二胡。在学生音乐团里，聂耳除了能演奏各种乐器外，还曾担任过指挥。有一段时间，吃完晚饭后，聂耳三兄弟便与一些会乐器的小伙伴在家里临街的阁楼上，用笛子、胡琴、三弦、月琴等乐器合奏《梅花三弄》《苏武牧羊》《木兰辞》《昭君出塞》等民间乐曲。每当优美的乐声响起，成群的过路人便驻足欣赏。考入省立第一师范后，聂耳结识了邻居张庚侯，他是省师附属小学的音乐教师。聂耳借用他的乐器，开始自学小提琴。

聂耳上中学时，中国的社会动荡不安，革命形势急骤变化。热爱学习的聂耳通过阅读《东方杂志》的"李宁"（即列宁）专号、《环球旬刊》《生活知识》《创造月刊》《现代新兴文学诸问题》，以及鲁迅的《呐喊》《彷徨》等文集，增加了知识，开阔了眼界，受到了革命思想的启发与教育。大革命时期广泛流行的《国际歌》《马赛曲》《工农兵联合起来》《打倒列强》等充满革命激情的歌曲，更是在聂耳的脑海里留下了深刻的印象。聂耳后来正是沿着这条革命的道路，创作了许多具有历史意义的战歌。

1927年，蒋介石叛变了革命，无数革命先烈惨遭屠杀，云南很快也笼罩在一片白色恐怖之中。聂耳所在的学校不断遭到军警的搜查，经常有进步学生被捕，加入中国共产党的老师被杀害。在这危急的关头，生死的考验面前，追求真理的聂耳于1928年秋天毅然加入中国共产主义青年团。在共产党员李国柱同志的领导下，聂耳做过印刷、分发革命传单等秘密工作，每次都很好地完成了党组织的任务。此外，聂耳还积极参加了当时反对帝国主义侵略，打倒屠杀云南学生的国民党官僚李伯英等革命斗争活动。

1928年底，依照中国共产党组织"开展兵士运动"的安排，年轻的聂耳瞒着家里，考进了云南将领范石生为军长的国民革命军16军的学生军,随着受骗的新兵到了湖南。半年的军队生活,使聂耳认清了旧军队的腐朽本质。他借着部队整编遣散的机会,又回到云南省立第一师范学校继续学习。

这次挫折并没有使聂耳的革命意志消沉,他仍然以文艺为武器,积极参加各种革命活动和斗争。1929年,昆明城里军阀的火药库发生了大爆炸,无辜百姓死伤数千人。党组织在"济难会"的掩护下,竭力救济灾民和被关在监牢里的革命同志、进步人士。聂耳作为"济难会"的主要成员,以高度的革命热情积极参与了这项工作,为此,他引起了国民党反动派的注意。后来,由于叛徒的出卖,聂耳随时都有被捕的可能,他只得告别了亲人,匆忙奔赴上海。

1930年7月，聂耳来到上海，在经营香烟的"云丰申庄"里当店员。店里只为他提供食宿，后来每月才有15元的津贴，他的生活极其清苦。但是，富有上进心的聂耳在这段时间里，不仅自学了英文、日文和小提琴，还自觉攻读了革命文艺理论。聂耳到上海仅仅两个多月，就参加了党领导下的"上海反帝大同盟"虹口区的组织，积极从事抗日游行示威的活动和斗争。

不久，"云丰申庄"宣告歇业，19岁的聂耳为了生活四处奔波，寻找工作。1931年4月，聂耳报考上海联华影业公司歌舞学校（后恢复为明月歌剧社），被慧眼识英才的黎锦晖录取为乐队练习生，解决了吃、住两大问题，还有了一个可以安心学习音乐的环境，他感到很满意。黎锦晖此时给他取名为"聂耳"。

这以后，聂耳抓紧时间，经常每天练习6小时以上的小提琴，即使前一天晚上演出到很晚，第二天清晨，他也常常不到6点就起来拉琴，晚上一有空又跑到屋顶上继续练习。在明月社首席小提琴师王人艺的辅导下，聂耳的小提琴演奏水平迅速提高。后来，为了进一步提升小提琴的演奏技艺，聂耳找到一名外籍老师普杜什卡学习，尽管学费很贵，但他省吃俭用，甚至去当铺典当衣物来交学费，也从不间断学习。这位老师后来免去了勤奋的聂耳的学费。

这个时期，聂耳还坚持在艺术实践里自学各种音乐知识和作曲理论，并通过听唱片、研究乐谱、参加音乐会演出等，熟悉了大量我国民族民间音乐和世界各国的音乐名作。此外在黎锦晖的指导下，他对汉语的发音、声韵、声调变化规律以及词汇与乐汇如何结合等，也做过专门的学习和研究，这些都为聂耳后来的创作，打下了坚实的基础。

聂耳在刻苦钻研音乐的同时，仍然密切关注革命斗争形势的发展。听了湖南同乡好友黎锦晖的介绍，革命戏剧家田汉于1932年4月，去明月社宿舍找到了聂耳。第一次会面时，聂耳就表露了对中国共产党的渴望，表明自己想学习更多革命理论，想通过音乐为革命事业做更多的事……不久，他便加入由任光、张曙、安娥等革命音乐家组成的"苏联之友社"音乐小组。

在党组织的引导下，聂耳广泛参加了多种社会活动，经常给报纸、杂志撰写电影音乐评论文章。当时，明月歌剧社的领导人为了迎合市民群众的低级趣味，追求票房效益，大量散布靡靡之音。聂耳用"黑天使"的笔名发表了著名的《中国歌舞短论》一文，文章在肯定明月社领导人黎锦晖作品中有"反封建的因素"的同时,批评了黎锦晖"为歌舞而歌舞"的错误;提出了"我们所需要的不是软豆腐,而是真刀真枪的硬功夫",希望他"向那群众深入","创造出新鲜的艺术"。

聂耳的这些忠告,没有被明月社的多数人接受。他在日记中总结说:"我实在不该和这般没有希望的人去鬼混,我要做的事还多着呢!我是一个革命者……"最后,聂耳以"反叛者"的姿态离开了明月社,并一直考虑"怎样创作革命音乐"这个问题。

1932年8月,聂耳来到北平(今北京),想进国立北平大学艺术学院学习,但是没有被反动当局录取。于是,他利用一切时间,积极参加了左翼戏剧家联盟、左翼音乐家联盟的各种活动:写文章,演话剧,在清华大学举行的演出里，用小提琴演奏《国际歌》，搜集北方民歌，去天桥贫民区倾听劳苦人民发自内心的呼声……但由于冬天的生活没有保障，聂耳不得不于同年11月返回上海寻找工作。

为了反抗国民党反动派对革命文艺的"文化围剿"，聂耳于1932年底投入到党领导下的左翼文艺运动和电影战线，先后在联华影片公司第一厂、百代唱片公司音乐部和联华第二厂工作。在白色恐怖最严重的1933年初，聂耳由田汉介绍、夏衍监誓，光荣地加入了中国共产党。在入党后短短两年多的时间里，聂耳以饱满的革命热情创作出许多具有划时代意义的音乐作品。

聂耳当店员时住宿的地方，窗外就能听见黄浦江码头工人们搬运沉重货物时的劳动号子声。聂耳曾经在日记中写道："群众的吼声振荡着我的心灵。它是苦力们的呻吟、怒吼！我预备以此动机作一曲。"

聂耳为了给田汉编剧的歌剧《扬子江暴风雨》谱写歌曲《码头工人》，1934年，他又多次来到黄浦江码头，看着码头工人们一边喊着"嘿咿哟嗬"的号子，一边汗流浃背地背着大麻袋、木头箱在卸货。聂耳把这些感受和工人们流血流汗的呼声，创造性地谱写进自己这首回旋曲曲式的歌曲中。通过歌词与曲调，聂耳形象地表现出码头工人们"为着两顿吃不饱的饭"，"从朝搬到夜，从夜搬到朝"的劳动情景，控诉了帝国主义和资本家对工人们的残酷剥削。歌声最后呼喊出"一辈子这样下去吗？不！兄弟们，团结起来，向着活的路上走"，为工人阶级指明了斗争的方向。

歌剧《扬子江暴风雨》第一次演出时，聂

耳扮演了剧中的主要人物——打砖工人老王。当日本帝国主义者开枪打死了他的孙子小栓子的时候，老王抱着孙子的尸体，与码头工人们一起高唱着《前进歌》，同敌人展开了殊死斗争，最后在游击队的支援下，取得了胜利。

《扬子江暴风雨》的演出获得了中外舆论界的好评。聂耳之所以能出色地完成表演，不仅因为他具有优秀的艺术才能，更重要的是，他把热爱祖国、热爱劳动、热爱人民的感情，完完全全地倾注在他所扮演的角色中了。

聂耳喜爱孩子们。他对生活在贫困线上的孩子们不仅给予了深切的同情，还给他们指出了希望和光明。在他为孩子们写的6首儿童歌曲中，《卖报歌》是最流行、最受孩子们欢迎的一首。

聂耳在创作《卖报歌》之前，曾经多次停

留在上海热闹的淮海路与重庆路口的电车站，以无限同情的心情，观察报童们的生活：无论是刮风下雨，还是严冬盛夏，他们都整天沙哑着嗓子，到处叫卖各种报纸，靠获取行人和乘客手里的几个铜板，维持着饥寒交迫的生活。正如《卖报歌》中所唱的，"大风大雨里满街跑，走不好，滑一跤，满身的泥水惹人笑，饥饿寒冷只有我知道"。在歌曲结尾，有着崇高理想的聂耳，也把革命乐观主义精神倾注到了这首儿童歌曲里，歌中最后唱道："痛苦的生活向谁告，总有一天光明会来到。"

1934年夏天，电通影片公司在中共地下党的支持下，完成了影片《桃李劫》的摄制工作，其中号召学生们积极参加抗日救亡运动的《毕业歌》，就是聂耳为这部影片写的主题歌。

聂耳在学生时代时，就是风起云涌的学生

运动骨干,直接与军阀和国民党反动派进行过英勇的斗争。来到上海以后,他曾多次参加党领导下的抗日救亡示威游行。在1932年的"一·二八"事变中,他目睹日本帝国主义侵略上海的罪行,更是义愤填膺。他把这些亲身感受和满腔热忱,用鲜明的音乐形象体现在《毕业歌》中。影片《桃李劫》上映以后,《毕业歌》就像插上了翅膀,迅速被传唱开。它鼓舞着千百万青年,为祖国的存亡而英勇战斗。

1935年春天,聂耳听说影片《风云儿女》的结尾需要一首主题曲,他就主动跑去"抢工作"。担任编剧的夏衍给他看剧本时,发现他早就了解影片的故事。聂耳把田汉写的歌词念了两遍,马上说:"作曲交给我,我干。""田先生一定会同意的。"这首歌就是《义勇军进行曲》。

电影《风云儿女》一上映，《义勇军进行曲》就被广泛地传唱。这首家喻户晓的革命歌曲，在民族危机深重的岁月里，在抗日战争和解放战争的炮火中，激发着中国人民群众的革命热情和战斗意志。1949年中华人民共和国成立时，《义勇军进行曲》光荣地被定为国歌。直到今天，它那激昂的曲调仍然以强大的号召力，鼓舞着我们为实现伟大的共产主义理想而奋勇前进！

聂耳在努力创作革命歌曲的同时，也继续为报刊撰写评论文章。他和一些革命音乐家发起成立了"中国新兴音乐研究会"、左翼剧联音乐小组，经常在一起研究革命音乐的创作理论问题，还利用百代唱片公司的"新声试唱会"，传播充满战斗激情的革命歌曲，压倒曾经泛滥一时的低级庸俗音乐。

蓬勃高涨的抗日救亡歌咏运动引起了国民党反动派的恐惧,1935年4月1日,聂耳得知自己被列入国民党反动派的"黑名单"。出于对这位忠勇革命音乐家的关怀和爱护,党组织批准聂耳迅速离开上海,出国深造,先到日本,再去西欧、苏联学习。

聂耳到日本后,整天忙着参观、学习。不料3个月后,也就是1935年7月17日,聂耳在藤泽市的鹄沼海滨游泳时,不幸沉没在大海无情的波涛中。这个有着火一般政治热情和光明前途的革命音乐家,当时还不到24岁。

聂耳逝世的消息传回祖国后,广大人民怀着悲痛的心情,为他举行了隆重的追悼会。聂耳的骨灰瓶被运回家乡,安葬在他经常登攀的昆明西山上。中华人民共和国成立后,人民政府于1954年重新修建了聂耳墓,郭沫若同志亲笔为他题写了墓碑。1964年,朱德委员长书写了"人民音乐家"的题字。1982年至1985年,政府又修造了聂耳新墓。1985年,《聂耳全集》出版。日本的友好人士也在日本鹄沼海滨建立了聂耳纪念碑。中日两国人民经常举行各种活动,纪念这位中国无产阶级革命音乐的先驱者。

(向延生)

麦 新
(1914—1947)

吹起小喇叭,嗒嘀嗒嘀嗒,

打起小铜鼓,咚隆咚隆咚,

手拿小刀枪,冲锋到战场。

一刀斩汉奸!一枪打东洋!

不怕年纪小,只怕不抵抗。

听到这首歌,我们仿佛看到一队队身背小枪、手拿小刀的抗日小战士,向着敌人勇敢冲锋的情景。这首歌名叫《只怕不抵抗》,它的歌词是著名作曲家麦新同志写的。

麦新写了许多优秀的革命歌曲，其中《大刀进行曲》是流传得最广的一首；他还写了不少儿童歌曲，如《马儿真正好》《儿童哨》《小葡萄》等都是深受儿童喜爱的；他还是一位优秀的词作家，《牺牲已到最后关头》《保卫马德里》等歌词，写得都非常成功。这些革命歌曲像一声声战斗的号角，一把把革命的钢刀，在抗日战争和解放战争中，鼓舞着中国人民的斗志，成为中华儿女打击敌人的有力武器。

麦新于1914年出生在一个贫苦的家庭里。麦新小时候，父亲便去世了，他靠着母亲给人家做工的微薄收入，勉强念完初中二年级后，便到上海一家公司当职员。1935年，"华北事变"后，"一二·九"运动爆发，21岁的麦新投入抗日救亡运动，参加了上海的许多救亡团体，如"民众歌咏会""业余合唱团""歌曲作者协会""歌曲研究会"等，并用歌曲做武器进行战斗。他积极参与党领导下的抗日救亡歌咏运动，和同志们一起组织工人和店员大唱抗日救亡歌曲，鼓舞大家和侵略者战斗。由于麦新积极投身救亡革命实践，经受了种种考验，他于1937年加入了中国共产党。

麦新入党以后工作更加积极了。他经常白天上班，晚上到职工夜校教唱歌，星期天还要给业余合唱队做指挥，有时忙得顾不上吃饭，他就咬几口烧饼充饥。在鲁迅逝世出殡和党领导的许多次示威游行中，人们都可以看到一个头发剪得短短的、皮肤黝黑的青年人，在游行队伍前面指挥大家唱革命歌曲。虽然汗水浸透了他的全身，但他的眼睛还是那样炯炯有神，双手依然有力地挥动着，歌声响亮而热情。这个青年就是麦新。由于麦新对革命工作十分积极,同志们都说他"好比一团烈火,以自己的热力去感染别人"。

麦新没有受过专门的音乐训练,但为了更好地宣传抗日,鼓舞群众的斗志,他毅然拿起笔,进行音乐创作。由于他刻苦地钻研,并虚心地向群众学习,每写完一首歌曲就拿到群众中征求意见,所以他很快就写出了许多受群众欢迎的歌曲。这一时期,他写了赫赫有名的《大刀进行曲》。这首歌以火一般的热情,歌颂了抗日战士的英雄形象,唱出了千千万万群众的心声。

当日本帝国主义者发动九一八事变,疯狂扩大对我国的侵略时,全国人民在中国共产党的领导下,开展了更加声势浩大的抗日救亡运动。但是,消极抗战的国民党反动派却说:"不到最后关头,决不轻言牺牲。"为了驳斥这种反动谬论，号召全国人民和反动派的卖国行为做斗争，麦新写了歌词《牺牲已到最后关头》：

向前走，别退后，

生死已到最后关头，

同胞被屠杀，

土地被强占，

我们再也不能忍受！

…………

向前走，别退后，

拿我们的血和肉，

去拼掉敌人的头，

牺牲已到最后关头，

牺牲已到最后关头！

后来，作曲家孟波把它谱上了曲调，这首歌便像长了翅膀一样，在全国流行开来。它像一把利剑戳穿了反动派的假面目,也鼓舞了全国人民抗日的斗志。

麦新还对儿童音乐特别关心。当时,在国民党的反动统治下,孩子们没有好歌唱,反动派甚至利用一些内容上庸俗、低级,曲调上呆板、没有生气的歌曲去毒害孩子们的心灵。麦新同志看到这种情形,非常痛心,专门写了《关于创作儿童歌曲》的文章,大声呼吁音乐工作者"救救孩子们"。他自己也下定决心,多写一些优秀儿童歌曲,使孩子们唱了"成长得更健壮、更顽强、更活泼一些"。

麦新同志在短短的一生中,共写了10多首儿童歌曲和歌词,除了上面提到的《只怕不抵抗》外,还有他自己作词、作曲的《马儿真正好》。这首歌生动地表现了一群天真活泼的孩子们,一边玩骑马的游戏,一边还不忘杀敌保国的情景。它的曲调是那样的活泼、跳跃，使我们仿佛听见了孩子们奔跑、追逐的脚步声和嬉笑声。

麦新写的儿童歌曲符合儿童的特点，所以孩子们爱唱。他说："孩子有孩子生命的音调，生命的节奏。"同时，他还努力表现孩子们丰富的生活，如儿童放哨、捉汉奸、放牛、做游戏等。他认为，如果老是写"小英雄、小拳头、小刀枪"等形象，文字干巴巴的，孩子们唱了以后会变成"小老头"，不利于孩子们健康、活泼地成长。比如，他写的歌曲《小葡萄》，就通过描写哥俩儿在摘葡萄，把又大又熟的葡萄留给在前方打日本强盗的爸爸吃的情景，表现了孩子们抗日爱国的好思想。歌曲《儿童哨》则是通过解放区少年儿童在村口放哨、查路条的情节，塑造了抗日小英雄的可爱形象。麦新写的儿童歌曲生动、逼真、有趣，不但孩子们爱唱，大人们也爱听。

1940年，麦新来到延安的鲁迅文艺学院工作。麦新20多年来一直生活在反动、腐朽的国民党统治区，四处看到的是帝国主义和国民党反动派欺压、奴役劳动人民的不公平现象。而到了革命圣地延安，麦新发现这里呈现出一派朝气蓬勃、欣欣向荣的景象。延安的广大革命群众团结一致，为支援前方，打败日本侵略者，加紧生产，发奋工作，努力学习，这一切与国民党统治区形成鲜明的对比。因此，麦新一到延安，就像干渴的鱼儿回到了江河，兴奋得整日睡不着觉。他恨不得多长几双眼睛，好多看看延安的新气象；也恨不得多长几只手，好为革命多做些工作。

在延安，麦新越发努力地学习马列主义，

对自己的要求也更严格了。他常说：党的利益就是一切行动的原则。当毛主席《在延安文艺座谈会上的讲话》发表以后，麦新的心里更亮堂了，他遵照毛主席的教导，经常深入到工农兵当中去，向群众学习。你们看，在一个被白桦树浓荫所覆盖的山村里，麦新正在和八路军战士促膝长谈呢！战士们向他讲述连队开展歌咏活动的情况，并向他请教作曲知识；他也把自己新写的歌曲唱给战士们听，征求战士们的意见。他的歌声和战士们的歌声融合在一起，伴着晚霞，在山沟中回荡。

一个盛夏的深夜，麦新伏在小桌子的油灯前，专心致志地思考所见所闻——我们许多八路军战士，他们所苦恼的不是吃野菜、每天走很远的路、搞农业生产，而是想学习作曲，又解决不了技术问题。我们音乐工作者为什么不能到基层帮助他们呢?"艺术是属于人民的,我们音乐工作者首先是向着工农兵。"这段日子里,他一方面配合斗争形势的需要,写了《行军》《春耕小曲》等革命歌曲;另一方面,他根据组织的需要,担任了鲁迅文艺学院戏剧、音乐部的党支部书记,并两次当选为模范工作者。

1945年,麦新响应党的号召,来到东北地区工作,后来担任了内蒙古开鲁县委组织部长兼宣传部长,并深入群众,领导了清匪反霸(肃清土匪、特务和反对恶霸地主)斗争。为了开辟新解放区,巩固老解放区,麦新常常不顾个人安危,带领工作队到残匪出没的偏僻地区开展工作。他身穿中式合裆裤,头戴旧毡帽,和老乡们一起种地、生产,在群众当中有说有笑,严格要求自己和群众打成一片。不认识的人还以为他是一个普通的贫苦农民呢。他和贫下中农一起吃糠咽菜，从不吃群众为他单做的饭食，就连组织上发给他的细粮，也要分给大家吃。

有一年腊月二十三，麦新带领工作队到达一个村子，当时老乡们正在过节吃饺子。麦新立刻召集工作队的同志们开会，说："老百姓辛辛苦苦一年，就过节吃一顿白面。今天我们不吃饺子，都吃高粱米。"老乡们见此情景，感动地说："我们从没见过这样的队伍！"

由于麦新的群众工作做得深入、扎实，群众都把他当作自己人。一个严冬的深夜，麦新和同志们打游击到了一个村子。老乡们听到麦新喊话，全村的男女老少都出来了，围着他就像见到久别的亲人。许多老乡还向麦新哭诉国民党残匪来骚扰时所受的苦难。当队伍转移到其他村子去时，老乡们把麦新送到村外，恋恋不舍地问:"麦新同志,你什么时候回来?"一个老人还把自己的儿子交给麦新,说:"你好好带他去吧!"

在东北工作时期,麦新虽然是县里的领导干部,但始终保持艰苦朴素的优良作风。他常对同志们说:"我们不要在物质面前动摇,追求物质享受会腐蚀人的思想,我们老干部尤其要注意。"东北的冬天十分寒冷,当时组织上给麦新发了一件旧的粗布棉衣,但他每年到11月、12月都舍不得穿,而总是把它借给别的同志穿。有一次,上级发给他两双毛毡袜子,他对同志们说:"谁的袜子破了,就给谁穿。"麦新自己仍然穿着破袜子,把脚都冻裂了。由于麦新经常要外出工作,组织上给他分配了马匹,但他对自己提出要求:路程在15里以内,一律不骑马。

麦新对和自己一起工作的同志十分关心、爱护。他带着队伍打游击，每到一个村子，总要先把队伍安置好，让同志们都住下，自己再找地方随便凑合着睡。有一次，同志们见他太辛苦，给他煮了大米饭、猪肉。他却说："同志们比我辛苦，让大家吃吧，哪怕一人分一口也行，我不能一个人吃。"每当发生敌情，麦新虽然有马匹，却不肯先走，而是挂念着大家，等同志们到齐了才走。他的模范行为深深地感动了同志们，大家都努力向他学习。

麦新是个作曲家。在东北工作的日子里，由于斗争环境很艰苦，工作很忙，他没有多余的时间搞音乐，麦新对此毫无怨言。但一旦组织需要他拿起笔写作，他也很愉快地接受任务。比如有一次，为了发动农民组织农会，领导请麦新写一首《农会会歌》。麦新立刻创作歌词，填入东北流行的秧歌调。由于农民非常熟悉这首《农会会歌》的曲调，歌词又生动、深刻地反映了农民祖祖辈辈的悲惨生活，以及他们要求翻身解放的热切愿望，所以这首歌很受农民的欢迎，在斗争中起了非常大的作用。

1947年6月6日，麦新在开鲁县城刚刚开完县委会，就急忙赶回乡下，要向群众传达县委会的新精神。当他匆匆行进在路途中时，突然遭遇到国民党残匪的袭击。他毫不畏惧，领着一个排长和两个通信员，和90多个匪徒展开英勇的战斗。在激战中，同志们被冲散，麦新独占一个小丘，抗击敌人。这时，残匪四面包围小丘，向麦新狂喊："投降！缴枪！"但麦新沉着射击，并大骂匪徒的无耻罪行。战斗进行了约两小时，麦新身中四弹，鲜血把他那件破旧、变色、满是补丁的干部服染得通红，但他仍然顽强地战斗着。最后麦新因被击中要害，壮烈牺牲，年仅33岁。

开鲁县为麦新召开了追悼大会。那天清晨，天还没亮，各村的群众就纷纷来到会场。许多小学生也为麦新扎了花圈、写了祭文。老乡们站在麦新的灵前，流下了悲痛的泪水。群众说："我们庄稼人，要照麦部长给我们讲的话去做，多种粮食，多帮军队打胜仗，大家一条心，给麦部长报仇！"一位泣不成声的老大娘几次要求打开棺盖，想最后看一眼麦新的面容。一位老大爷深深挖起一锹土，亲手把它培在麦新的墓顶，让他好好地安息。群众还编了歌曲，来颂扬麦新的光辉事迹。这首歌一直流传到今天：

麦部长啊真英雄，

二十参加八路兵，

苦劳受了十几冬啊,

为咱老百姓。

…………

人民的好儿子麦新,把自己短暂的一生完全献给了人民,为革命事业流尽了最后一滴血,人民将永远怀念他。

(韩建邠)